Scottish
Gaelic
for Beginners
Kids

...A Beginner Scottish Gaelic
Workbook, Scottish Gaelic for Kids
First Words (Scottish Gaelic for
Reading Knowledge) Volume 1

By

Amyas Andrea

COPYRIGHT NOTICE

Table Of Content

INTRODUCTION

Welcome to this simple English to Scottish Gaelic kids' books for beginners.

You will agree with me that it is always better to go from the known to the unknown.

Therefore, in this book, you will learn about numbers, colors, shapes, days of the week, parts of the body and more in Scottish Gaelic language.

Learning Scottish Gaelic language has never been so easy, just try this simple book out.

Thanks for your interest in this small book. Now go ahead, get a copy for your kid! Enjoy.

Meet Noel/ *Coinnich Noel*

Hello, my name is Noel/ *Hello, is e an t-ainm agam Noel.*

I am a boy/ *Tha mi nam bhalach*

I am six years old/ *Tha mi sia bliadhna a dh'aois*

I love Scottish Gaelic language/ *Is toigh leam cànan na h-Alba*
And I think it is a great idea for you to learn how to speak Scottish Gaelic too!/ *Agus tha mi a 'smaoineachadh gur e deagh bheachd a th' ann airson thu fhèin ionnsachadh mar a bhruidhneas tu Gàidhlig na h-Alba cuideachd!*

So let's learn together / *Mar sin leamaid ionnsaich còmhla*

Numbers / Àireamhan

Noel : *Let's start with **numbers***

leig leinn tòiseachadh le àireamhan

Trace the number below/ Lorg an àireamh gu h-ìosal

One   *Aon*

Trace the number below/ Lorg an àireamh gu h-ìosal

Two   *Dhà*

Trace the number below/Lorg an àireamh gu h-ìosal

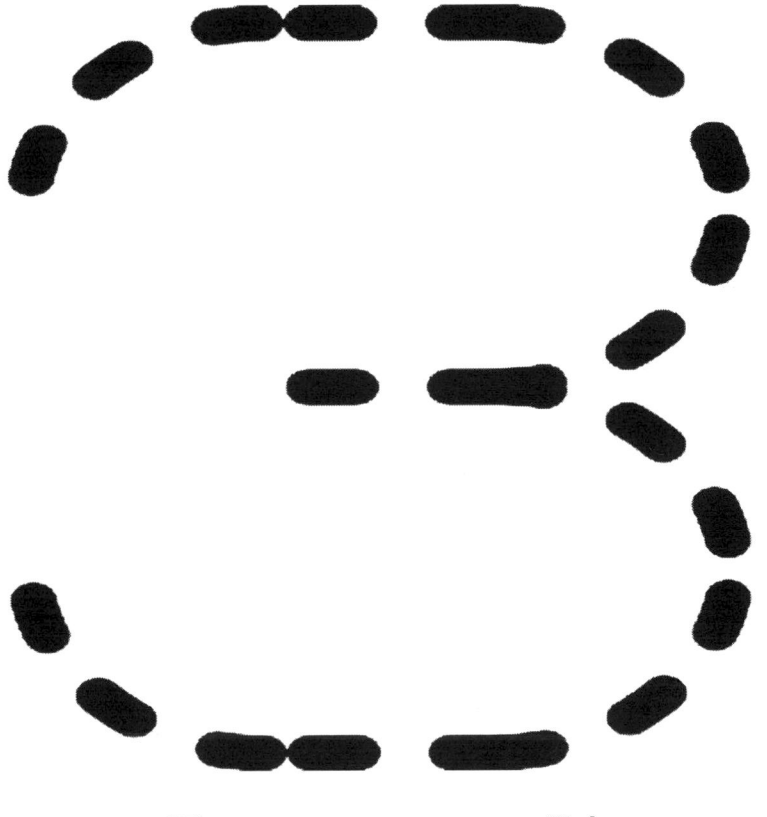

Three   *Trì*

Trace the number below/ Lorg an àireamh gu h-ìosal

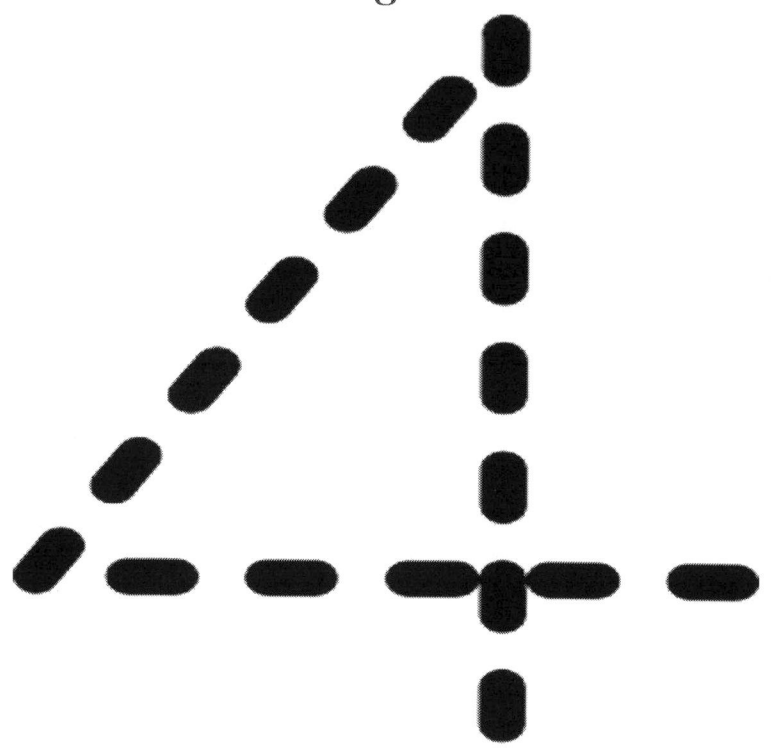

Four   Ceithir

Trace the number below/ Lorg an àireamh gu h-ìosal

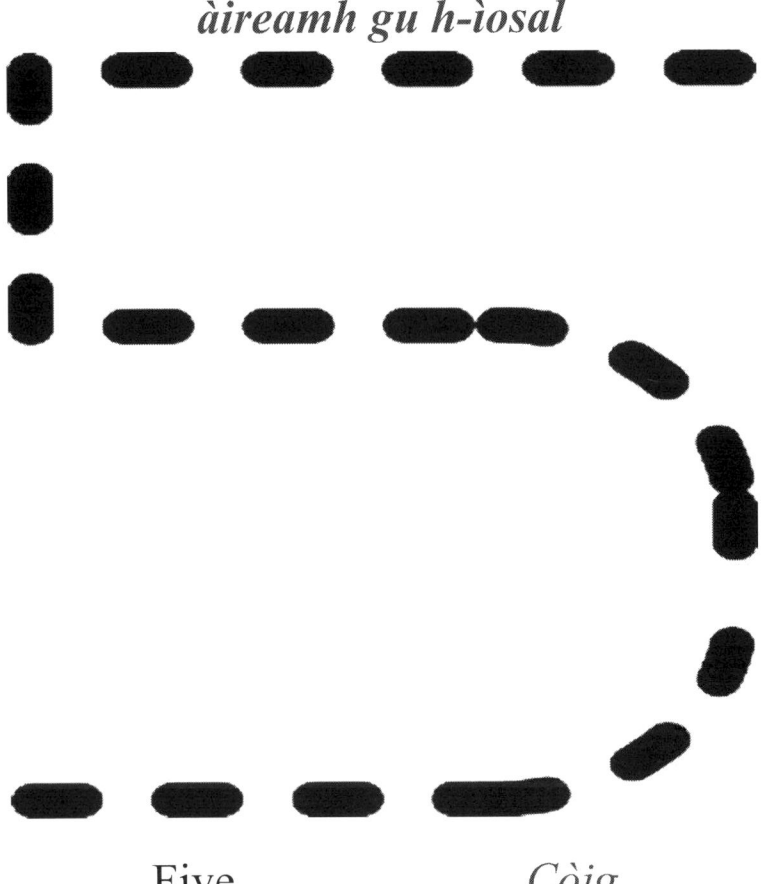

Five   *Còig*

Trace the number below/Lorg an àireamh gu h-ìosal

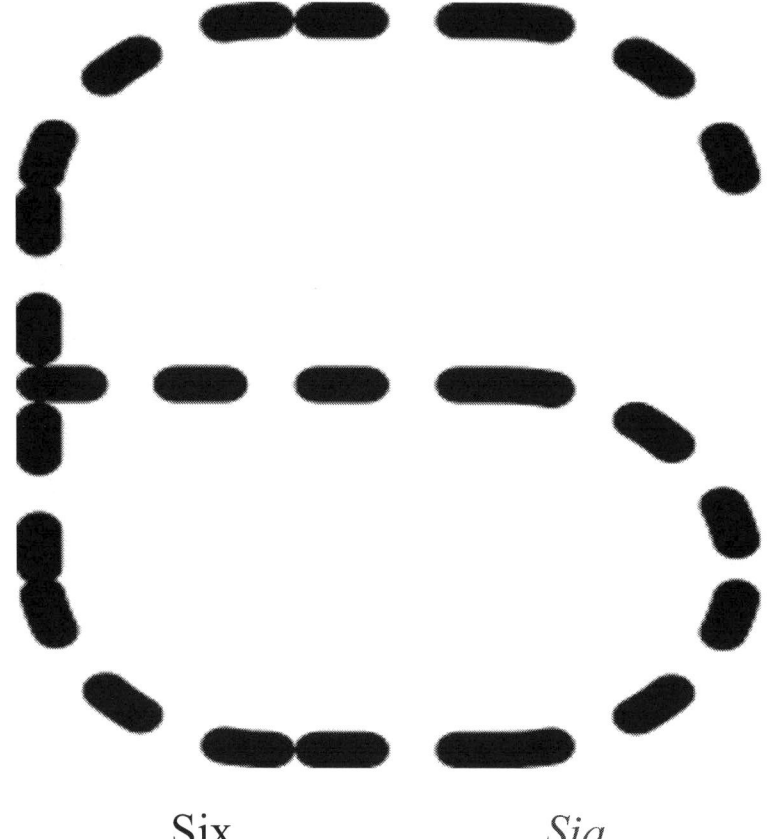

Six   Sia

Trace the number below/Lorg an àireamh gu h-ìosal

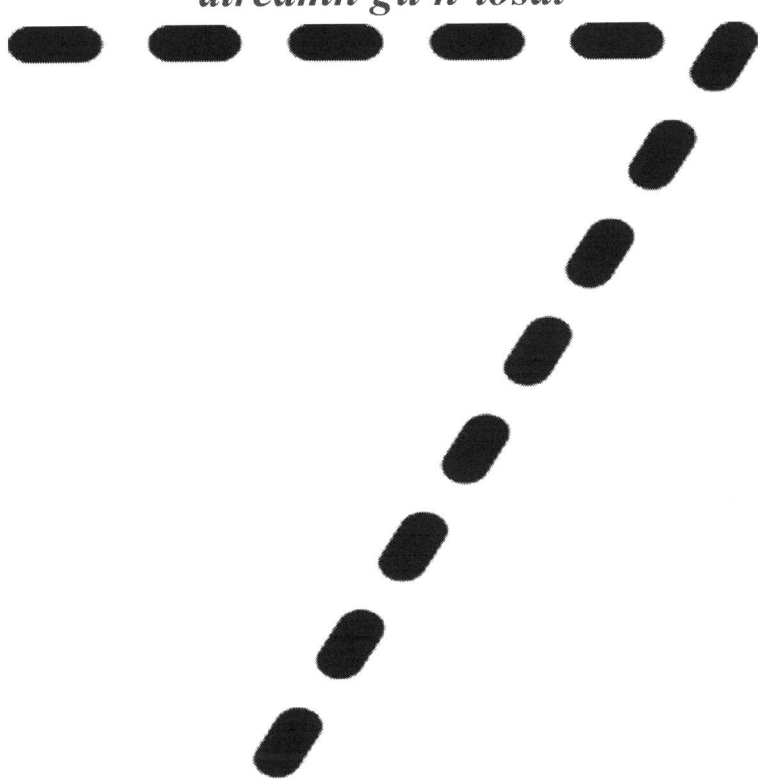

Seven -   *Seachdnar*

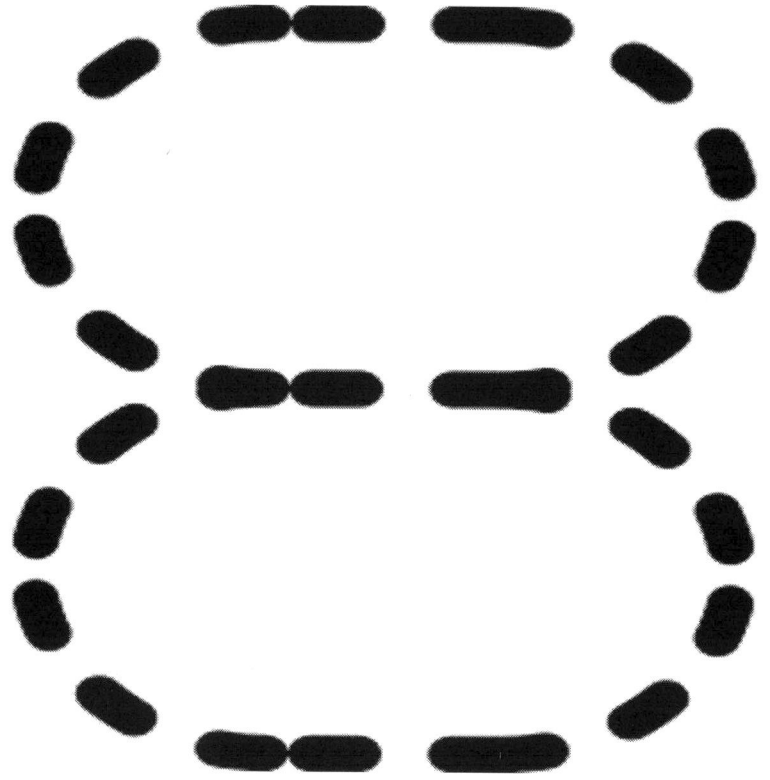

Eight - Ochd

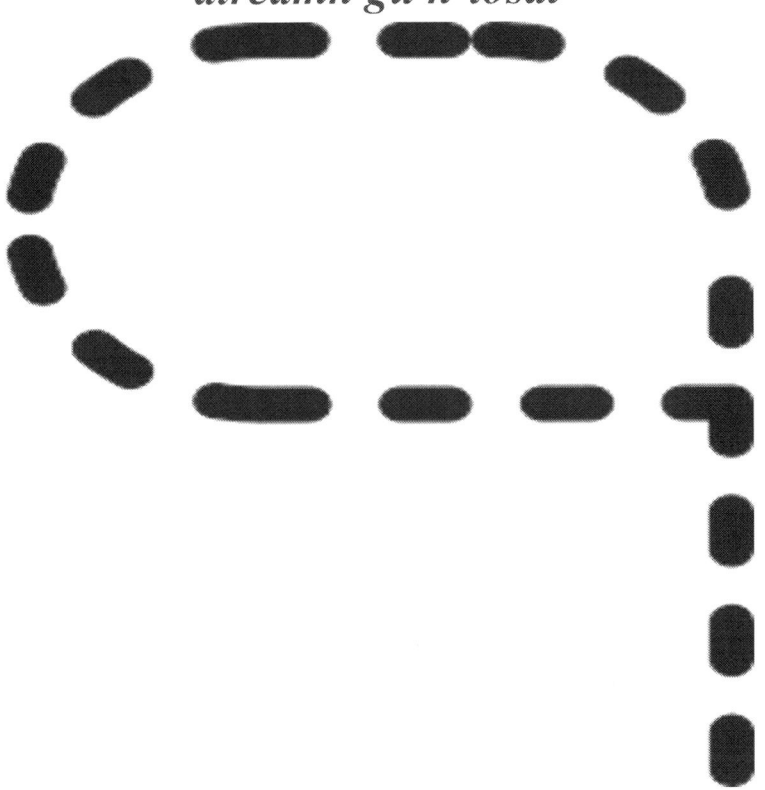

Nine -   *Naoi*

More numbers/ *Barrachd àireamhan*

Noel: More numbers

Barrachd àireamhan

Ten	*Deich*
Eleven	*Aon-deug*
Twelve	*Dhà-dheug*
Thirteen	*Trì-deug*
Fourteen	*Ceithir-deug*
Fifteen	*Còig-deug*
Sixteen	*Sia-deug*
Seventeen	*Seachd-deug*
Eighteen	*Ochd-deug*

Nineteen	*Naoi-deug*
Twenty	*Fichead*
Twenty-one	*Fichead 's a h-aon*
Twenty-two	Fichead 's a dhà
Twenty-three	*Fichead 's a trì*
Twenty-four	*Fichead 's a ceithir*
Twenty-five	*Fichead 's a còig*
Twenty-six	Fichead a Sia
Twenty-seven	*Fichead 'sa seachd*
Twenty-eight	*Fichead 's a h-ochd*
Twenty-nine	*Fichead 'sa naoi*
Thirty	*Trithead*
Forty	*Daichead*
Fifty	*Còigead*
Sixty	*Seasgad*

Seventy	*Seachdad*
Eighty	*Ochdad*
Ninety	*Naoidhead*
Hundred	*Ceud*

Shapes / *Cumaidhean*

Noel: Let's talk about shapes

Leig leinn bruidhinn mu chumaidhean

Square -   *Ceàrnag*

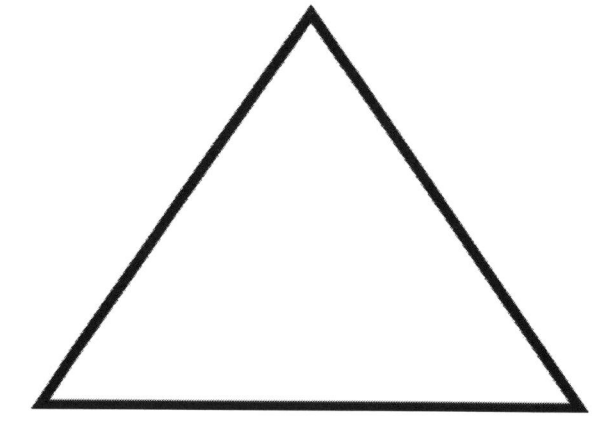

Triangle - *Triantal*

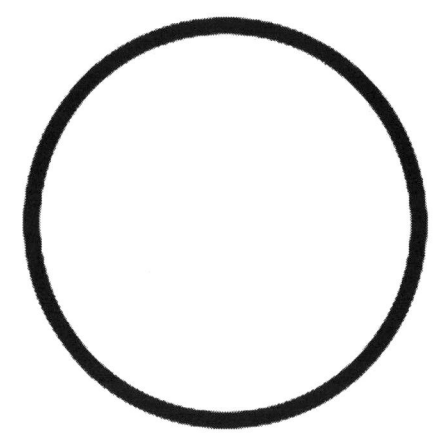

Circle - *Cearcall*

Rectangle -   *Reangangle*

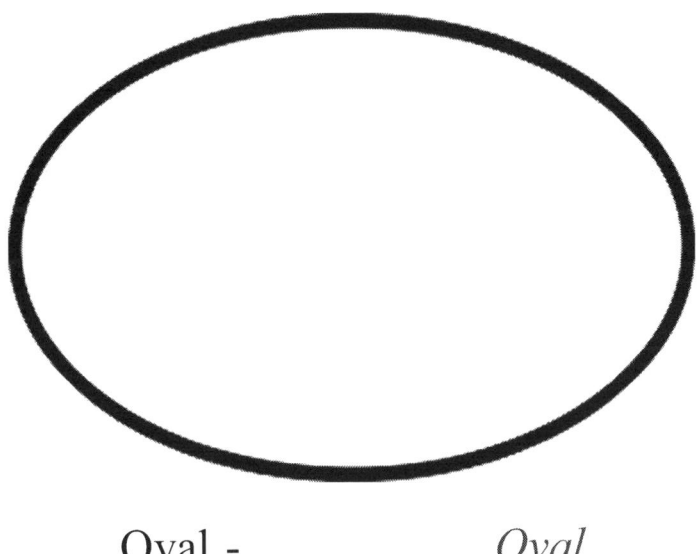

Oval -   *Oval*

Trapezium - *Trapezium*

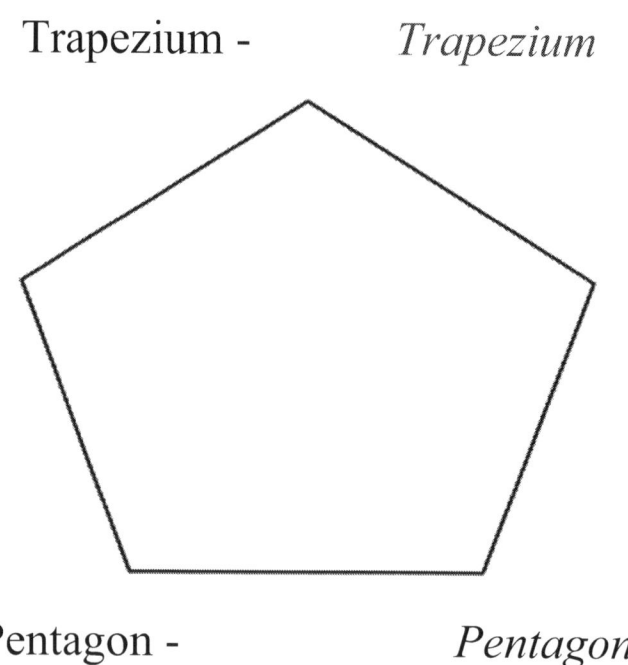

Pentagon - *Pentagon*

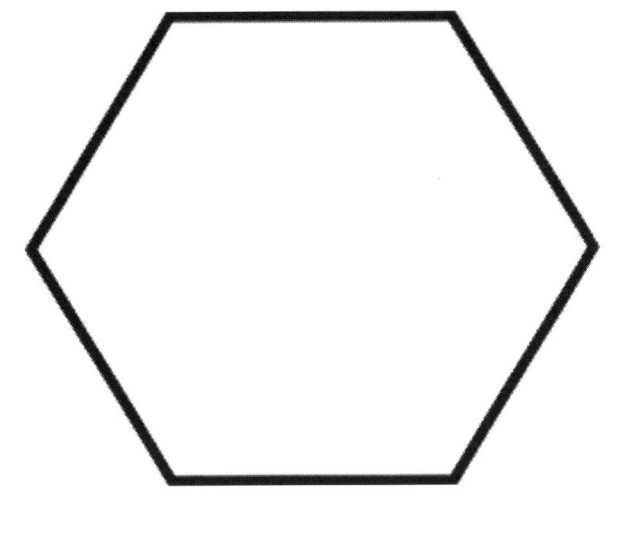

Hexagon -   *Heicseag*

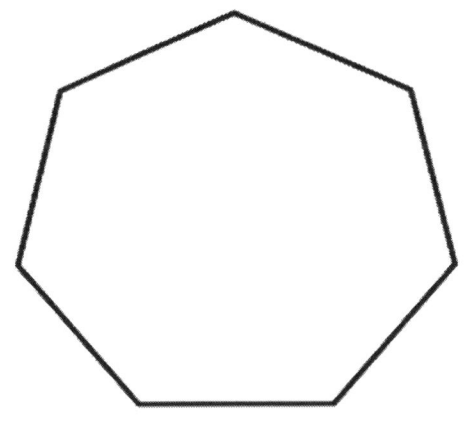

Heptagon -   *Heptagon*

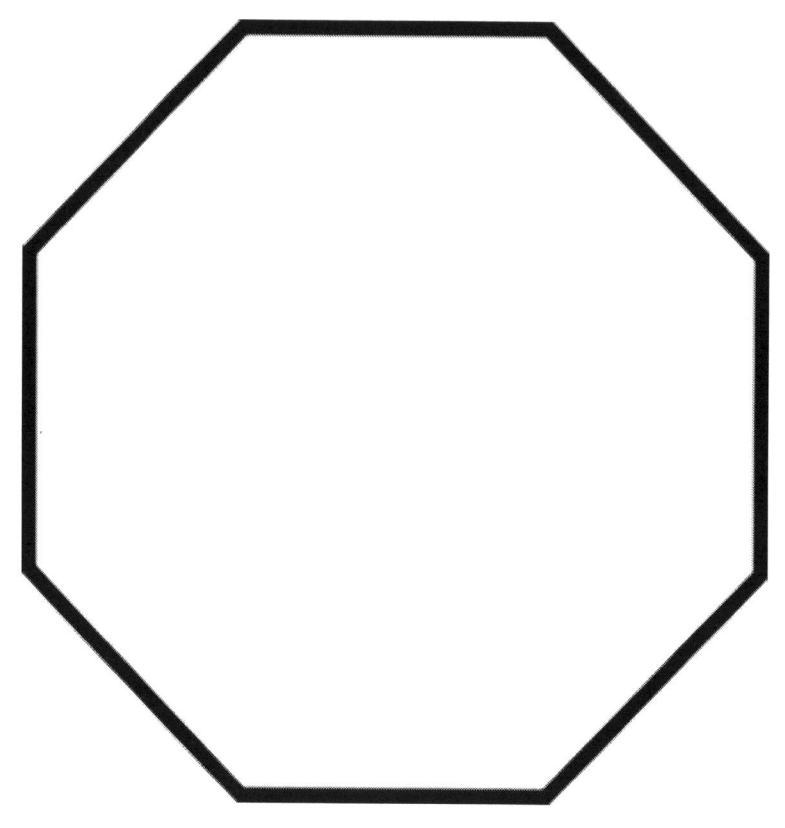

Octagon -   *Ochdagag*

Fruits and vegetables /
Measan agus Glasraich

Orange   Orains

Apple   *ùbhlan*

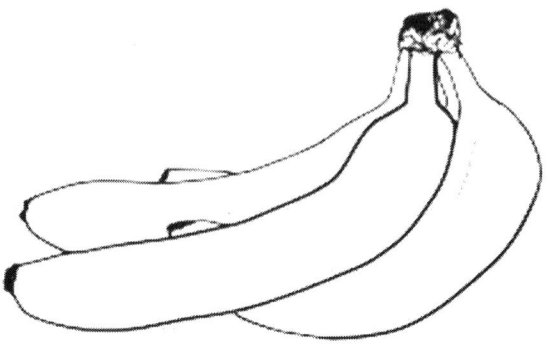

Bananas   Bananathan

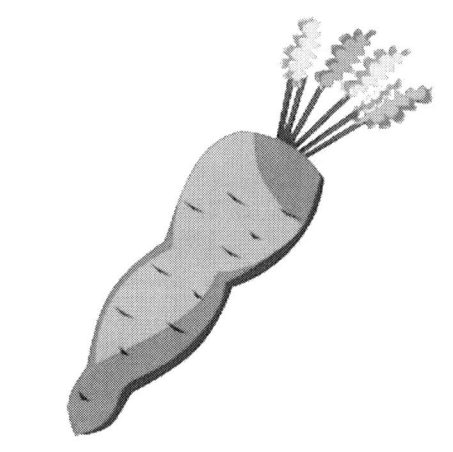

Carrot   *Caran*

Cucumber   *Cucumber*

Pineapple   *ubhal giuthais*

Lime *aol*

Lemon *Lemon*

Grapes *fion-dhearc*

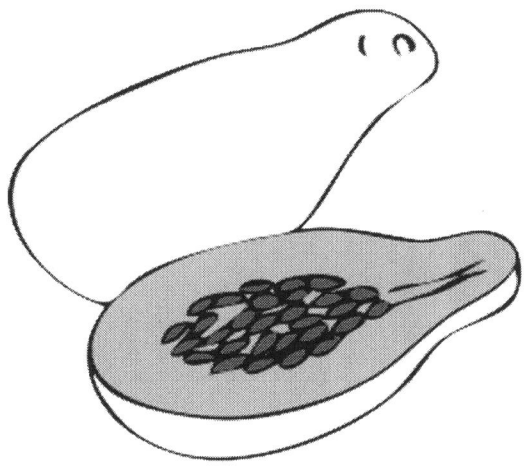

Pawpaw *Pawpaw*

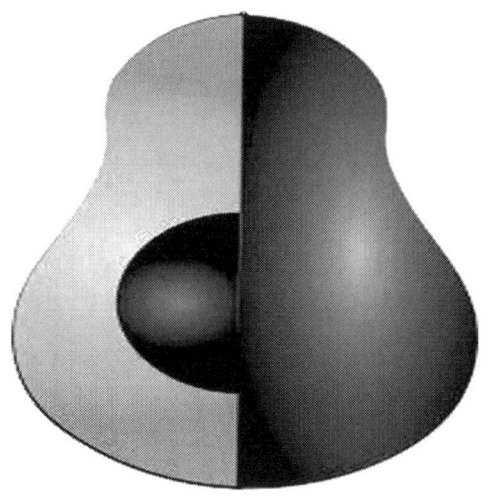

Pear   *Piorra*

Mango   *Mango*

Body parts/ Pàirtean corp

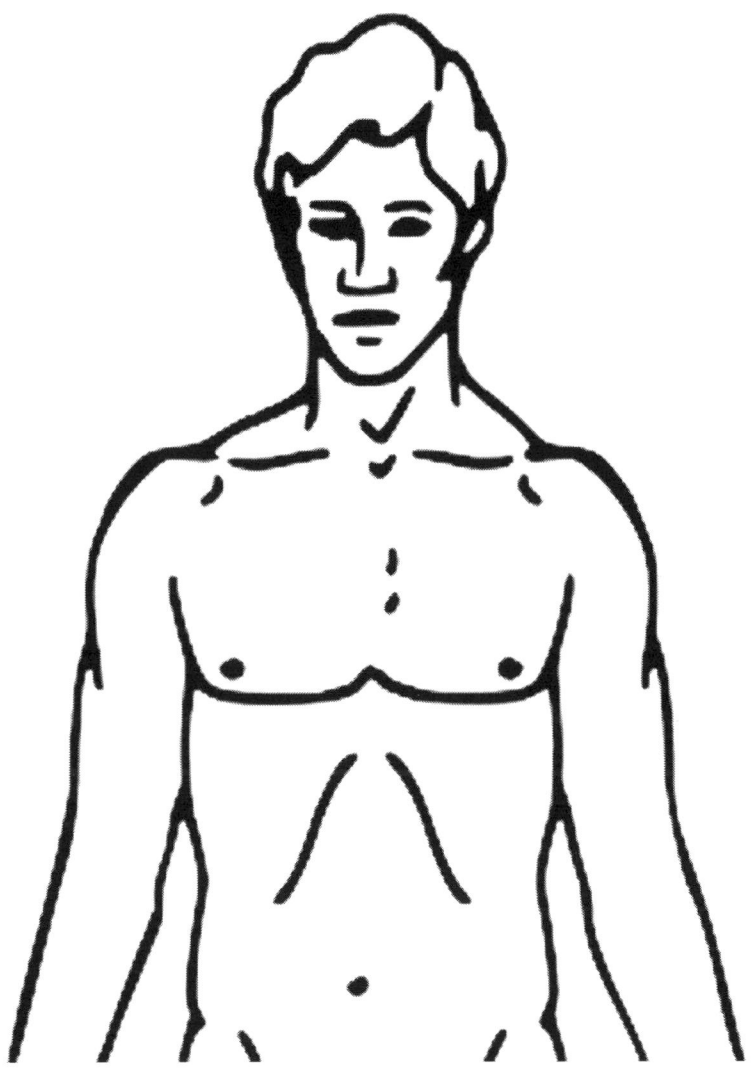

Eyes   *Sùilean*

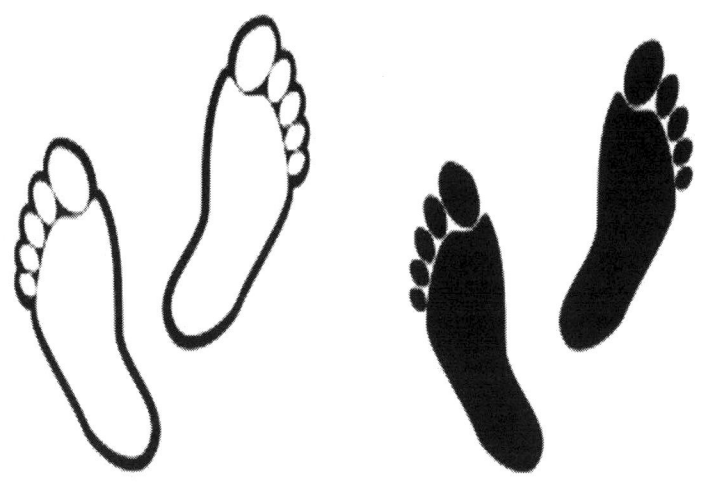

Toes   *òrdagan*

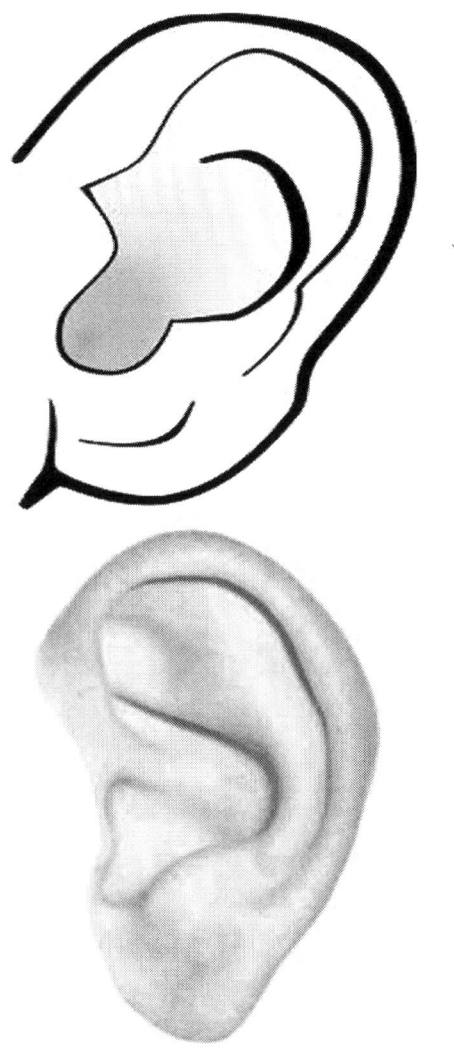

Ears   *cluasan*

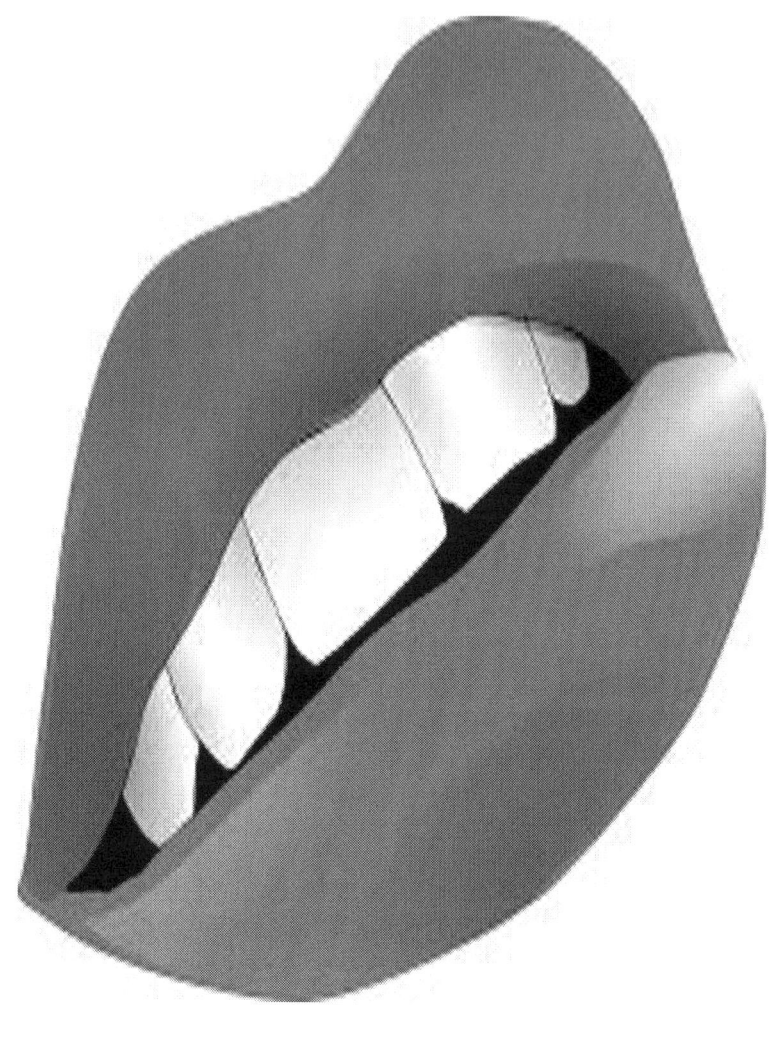

Teeth   *fiaclan*

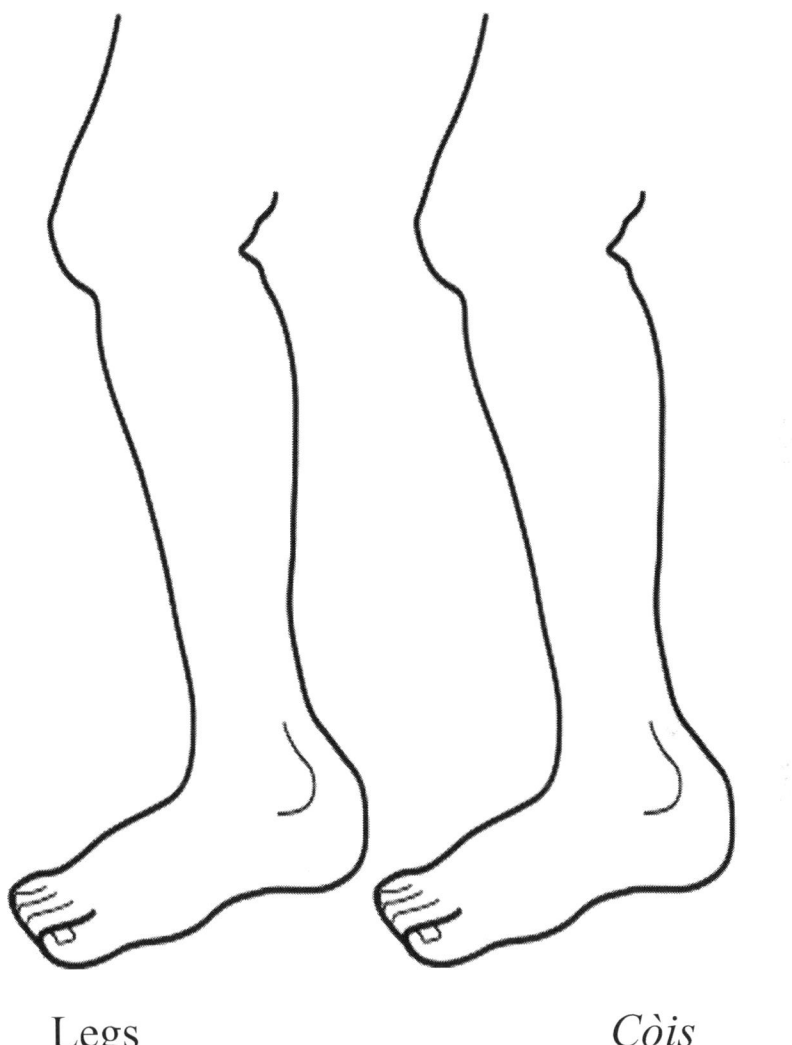

Legs   *Còis*

Hands   *Làmh*

Fingers   *Corragan*

Nose   *Sròn*

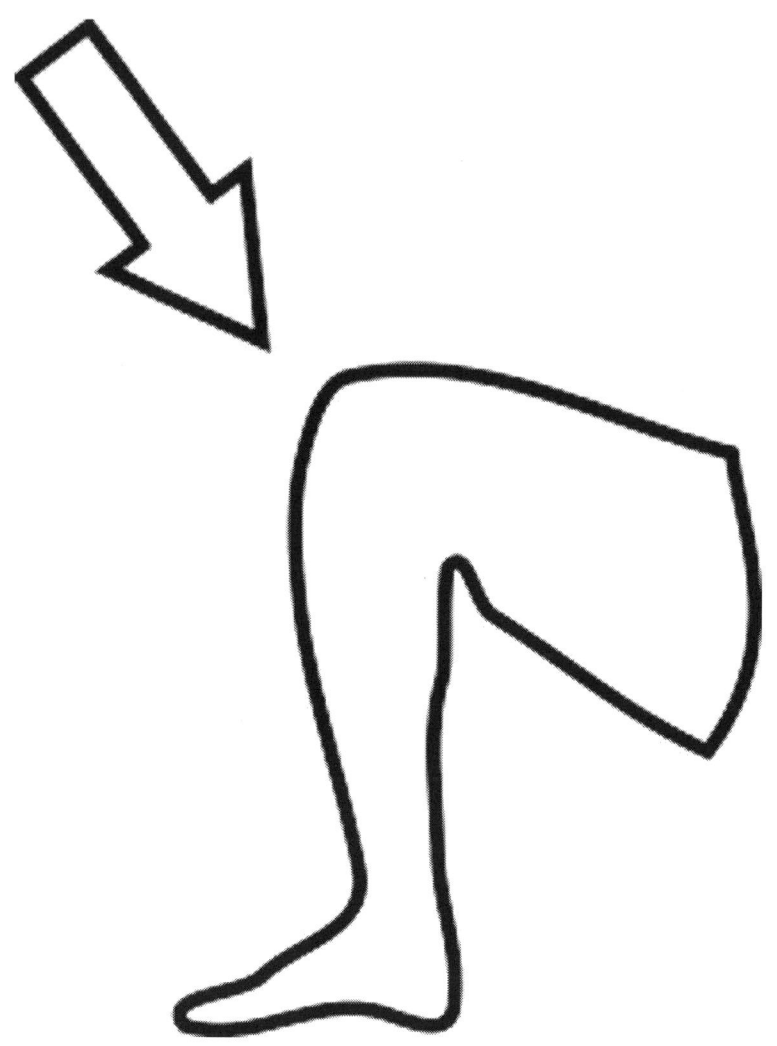

Knees *Chneine*

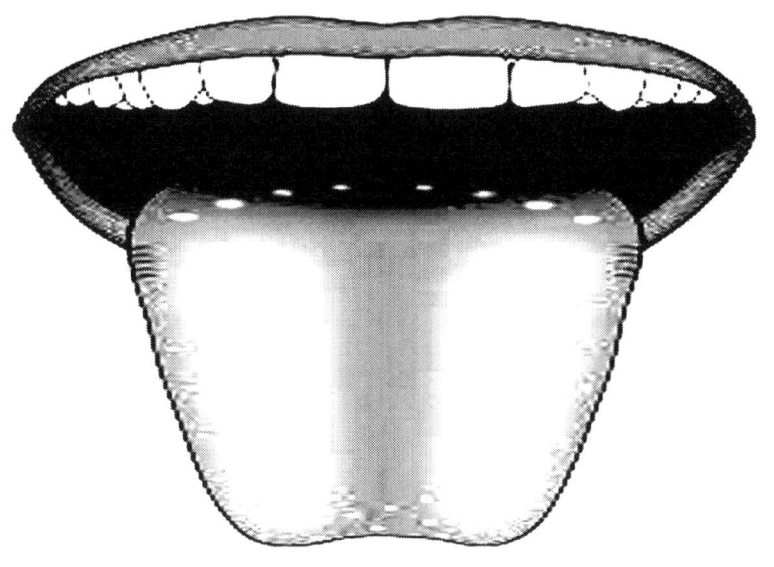

Tongue   *Tunga*

Days of the week/ Làithean den t-seachdain

Noel : *Let's look at days of the week*
Leig dhuinn sùil a thoirt air làithean den t-seachdain

Sunday	*Didòmhnaich*
Monday	*Diluain*
Tuesday	*Dimàirt*
Wednesday	*Diciadain*
Thursday	*Diardaoin*
Friday	*Dihaoine*
Saturday	*Disathairne*

Days we go to school/ **Làithean a thèid sinn don sgoil**

Noel: *Mondays we go to school -* Diluain bidh sinn a 'dol don sgoil

Tuesdays we go to school - Dimàirt a thèid sinn don sgoil

Wednesdays we go to school -
Diciadain bidh sinn a 'dol don sgoil

Thursdays we go to school -
Diardaoin bidh sinn a 'dol don sgoil.

Fridays we go to school - Dihaoine a
thèid sinn don sgoil

Saturdays we stay at home -
Didòmhnaich a 'dol dhan eaglais.

Sundays we go to church -
Didòmhnaich a 'dol dhan eaglais.

Noel: *Mondays to Fridays, we go to
schoo*l. - Diluain gu Dihaoine, bidh
sinn a 'dol don sgoil.

Noel: *Monday to Friday I go to school*
- Diluain gu Dihaoine Bidh mi a 'dol
don sgoil.

Saturday I stay at home - Disathairne
tha mi a 'fuireach aig an taigh.

Sunday I go to church - Didòmhnaich mi 'dol dhan eaglais.

Noel: *From Monday to Friday my teacher will teach me Mathematics and English*

Bho Diluain gu Dihaoine bidh mo thidsear a 'teagasg dhomh Matamataig agus Beurla.

Months of the year/
Mìosan na bliadhna

Noel: *Let's look at the months of the year*

Feuch gun coimhead sinn ri mìosan na bliadhna

Noel: *There are twelve months in a year -* Tha dà mhìos dheug ann am bliadhna.

Twelve months of the year/ Dusan mìos den bhliadhna

January	*Am Faoilleach*
February	*An Gearran*
March	*Am Màrt*
April	*A 'Ghiblean*
May	*A 'Chèitean*
June	*An t-Ògmhios*
July	*An t-Iuchar*
August	*An Lùnastal*
September	*An t-Sultain*
October	*An Dàmhair*
November	An t-Samhain
December	An Dùbhlachd

Seasons of the year/ **Ràithean de na bliadhna**

Noel: *What about Seasons of the year?*

Dè mu ràithean de na bliadhna?

Seasons of the year/ Ràithean de na bliadhna

Spring	*Earrach*
Summer	*Samhradh*
Autumn	*Foghar*
Winter	*Geamhradh*

- **Spring** will take place in the months of March, April and May..

- **Summer** is from June to August.

- **Autumn** is from September, October and November and

- **Winter** is from December to February.

bidh an t-earrach a 'tachairt anns na mìosan de Mhàrt, Giblean agus Cèitean.

Bidh an samhradh a 'tòiseachadh bho Ògmhios chun Lùnastal..

Tha an fhoghar eadar an t-Sultain, an Dàmhair agus an t-Samhain.

Tha an geamhradh eadar an Dùbhlachd agus an Gearran.

Colors/ *Dathan*

Red	*Dearg*
Yellow	*Buidhe*
Blue	*Gorm*
Brown	Donn
Pink	*Pinc*
Orange	*Orains*
Black	*Dubh*
White	Geal
Green	*Uaine*
Cream	*Uamh*
Gold	*Òr*
Silver	*Airgead*

Animals/ *Beathaichean*

Dog	*Cù*
Rat	*Ratan*
Lion	*Leòmhann*
Tiger	*Tìgear*
Hippopotamus	*Hippopotamus*
Monkey	*Moncaidh*
Gorilla	*Gorilla*
Lizard	*Dearc*
Cheetah	*Cheetah*
Hyena	*Hyena*

Other common words/
Faclan cumanta eile

Food	*Biadh*
Bedroom	*Seòmar-cadail*
Kitchen	*Cidsin*
Bathroom	*Bathseòmar*
Backyard	*air ais gàradh*
Park	*Pàirc*
School	*Sgoil*
Beach	*Tràigh*
Supermarket	*Mòr-bhùth*
Farm	*Tuathanas*

Made in the USA
Middletown, DE
12 June 2019